AF509343

RÉPONSE

POUR LE SIEUR CROZE-MAGNAN,

AU PREMIER APERÇU

DE L'AFFAIRE

POUR LE SIEUR ROBILLARD-PÉRONVILLE,

Contenant une analyse de la plaidoierie

POUR ledit Sieur CROZE-MAGNAN,

CONTRE *la Société* **ROBILLARD-PÉRONVILLE** *et* **LAURENT**,

ET encore contre les Sieurs **VISCONTI** *et* **EMERIC-DAVID**.

RÉPONSE

POUR LE SIEUR CROZE-MAGNAN,

AU PREMIER APERÇU

DE L'AFFAIRE

POUR LE SIEUR ROBILLARD-PÉRONVILLE,

Contenant une analyse de la plaidoierie

POUR ledit Sieur CROZE-MAGNAN,

CONTRE la Société ROBILLARD-PERONVILLE et LAURENT,

ET encore contre les Sieurs VISCONTI et EMERIC-DAVID.

J E croyois avoir un procès avec la *Société* Robillard-Péronville et Laurent, puisque celui que je suis réduit à soutenir prend sa source dans un acte d'hostilité commis envers moi sous la raison *sociale*, et que c'étoit contre les sieurs Robillard-Péronville et Laurent collectivement que, par cet unique motif, j'avois intenté mon action judiciaire.

Voilà, cependant, que le sieur Robillard-Péronville, dans un *premier Aperçu* qui vient d'être publié pour lui, où on le fait parler seul, et qu'on annonce n'être qu'un prélude à sa défense à l'audience , m'apprend que je n'ai d'autre adversaire que lui. A la bonne heure ; aussi bien il est démontré déjà, par les actes de la procédure , qu'en effet le sieur Laurent n'a entendu rien contester contre moi , et qu'il reporte vers le sieur Robillard-Péronville tout l'odieux du procédé de ce dernier , toute l'iniquité de sa conduite à mon égard. Ce que j'ai écrit, ce que l'on a plaidé en mon nom sur ce point, se trouve donc justifié complètement par la forme même de la défense du sieur Robillard-Péronville. Mais ce n'en est pas moins la Société qui doit devenir passible des condamnations que j'ai été forcé de provoquer, puisque c'est en son nom qu'il m'a été fait une injure, et qu'on m'a dépouillé de mes droits. Le sieur Laurent agira comme bon lui semblera contre son associé, pour n'avoir point à supporter le poids de ces condamnations.

Une partie de ma cause étoit déjà plaidée à l'audience, lorsque le sieur Robillard-Péronville a jugé à propos de publier son *premier Aperçu*, et cette partie avoit consisté dans l'exposé des faits de la cause et des actes qui y figurent.

Il m'a été doux de reconnoître que le sieur Robillard-Péronville est d'accord avec moi sur l'ensemble de celles des circonstances que j'ai présentées, dans mon Mémoire imprimé, comme ayant précédé son association avec le sieur Laurent. Ainsi, tout ce que j'ai raconté de l'autorisation obtenue par Laurent, dès 1792, de graver la collection du Cabinet du Roi, autorisation suspendue en 1793 et 1794, puis renouvelée en 1795 ; tout ce que j'ai dit des sociétés successives avec les sieurs Cavaignac et Patris, avec les sieurs Joli et Beaurepaire, de la société projetée par actions, et enfin de celle avec le sieur Dufour, tout cela, dis-je, est reconnu exact et vrai, sauf les conséquences que j'en ai fait résulter pour ma cause, et sur lesquelles je vais revenir tout-à-l'heure, pour écarter les conséquences contraires qu'a imaginé d'en tirer le sieur Robillard-Péronville. Cette fidélité dans mon récit n'est point une chose indifférente à remarquer : car elle peut servir à prouver que si je suis si bien instruit de toutes les circonstances antérieures au traité de société d'entre les sieurs Robillard-Péronville et Laurent, c'est qu'apparemment il y a eu de très-bonnes raisons pour que j'en eusse une connoissance personnelle.

La seconde partie de ma Défense, celle qui renfermoit les moyens de l'action judiciaire, a été placée depuis la publication du *premier Aperçu*. On ne s'y est point occupé de relever les inexactitudes de fait dans lesquelles le sieur Robillard-Péronville est tombé; on n'a attaché d'importance qu'aux erreurs qu'il a commises en point de droit. C'étoit là, en effet, l'objet essentiel de cette seconde partie. Toutefois je dois éclairer encore nos juges, même après qu'ils m'ont entendu à l'audience, sur le mérite des allégations contenues dans le *premier Aperçu* pour le sieur Robillard-Péronville. Tel est le but que je me propose dans cette Réponse. J'y profiterai, au surplus, de l'occasion toute naturelle qui m'est offerte de remettre sous les yeux des Magistrats la substance des moyens que mon Défenseur a développés dans sa plaidoierie.

Le sieur Robillard-Péronville dit que « je suis devenu son ad- » versaire par la plus inconcevable des prétentions; que je prétends » m'attribuer, comme une propriété exclusive et indépendante de » la volonté des entrepreneurs, le droit de *rédiger* la partie litté- » raire de l'ouvrage. »

Je réponds que ma prétention n'est inconcevable pour le sieur Robillard-Péronville, que parce qu'il la dénature; que parce qu'il feint de ne pas connoître ce qu'elle est; ou enfin parce que, de très-bonne foi si l'on veut, il se méprend sur son objet. Or, cette prétention n'est pas de *rédiger* la partie littéraire du *Musée Fran- çais*, mais bien de demeurer en possession de mon droit d'*Auteur* de la partie littéraire de cet ouvrage. Car c'est là le droit que je soutiens m'appartenir, que je démontre n'avoir jamais aliéné, ne pouvoir m'être ravi au gré des caprices du sieur Robillard-Péronville. C'est-là le droit que constatent en ma faveur tous les actes publics émanés de lui-même, tous ses propres faits en si grand nombre. Et si je me suis résigné à laisser établir quels droits, au moins, seroient encore les miens dans le cas où l'on jugeroit que j'ai été, par le genre de mes rapports avec lui, le simple collaborateur salarié d'un ouvrage dont il est le propriétaire, c'est qu'il eût été insensé de ma part d'encourir un malheur plus grand encore, sans me ménager aucune espèce de réparation. Sur ce point de notre débat, c'est-à-dire, quant à mes droits de propriété comme *auteur* de la partie littéraire du *Musée Français*, je renvoie le sieur Robillard-Péronville, et je supplie nos juges de se reporter aux pages 8, 9, 10, 11, 15, 16, 17 et 18 de mon Mémoire imprimé, et aussi à celles 26 et suivantes de la Consultation qui l'accompagne. Je reproduirai, au surplus, dans le cours de cette Réponse, quelques-uns des nouveaux développemens que mon défenseur a cru devoir donner à cette partie de ma cause.

Le sieur Robillard-Péronville assure que je lui ai « intenté, sur » ce fondement, un des procès les plus étranges dont les annales » des tribunaux puissent conserver le souvenir ».

A part l'emphase de cette déclamation, dans un procès dont l'existence ne s'explique que trop bien pour quiconque en connoît les circonstances et la cause, je crois qu'en effet celui-ci laissera un long souvenir au sieur Robillard-Péronville, qui se l'est attiré par la plus gratuite des injustices. Je crois que le jugement à intervenir sera tel qu'il lui donnera le repentir, malheureusement trop tardif, d'avoir affligé de gaîté de cœur, d'avoir offensé un homme qu'il n'avoit nulle raison de haïr, nul sujet d'humilier, nul droit surtout de dépouiller de sa propriété. Je crois enfin que la conscience du sieur Robillard-Péronville sera, comme déjà elle le doit être aujourd'hui, importunée de tous ces regrets, bien long-temps encore après que nos débats auront cessé ; mais j'en appelle à nos amis communs, à lui-même, j'en appelle à nos juges, est-ce ma faute, ou la sienne ?

A tout ce qui vient ensuite dans les premières pages de l'*Aperçu* pour le sieur Robillard-Péronville, relativement à la prétendue absence de titres sur lesquels ma réclamation soit fondée, à la prétendue inexistence d'aucuns engagemens de sa part, à la juste appréciation à laquelle il convient de réduire la partie littéraire, quelque mérite qu'on lui suppose, dans un ouvrage de la nature de celui dont il est l'éditeur, je répondrai tout-à-l'heure par les raisons de droit qui ont figuré dans la plaidoierie.

Le sieur Robillard-Péronville fait tous ses efforts pour prouver « que la pensée de l'ouvrage s'est formée sans moi ; que, sans moi, » on cherchoit, par l'exécution, à lui donner de la réalité ; que » je n'ai point été nommé, comme rédacteur du texte, dans » l'acte de la société Cavaignac et Patris ; que, moi-même, je ne

» reporte le commencement de mes relations avec Laurent, et ma
» co-opération quelconque à l'Entreprise, qu'à l'époque de l'asso-
» ciation avec les sieurs Joli et Beaurepaire; que je ne fus pour
» rien dans le projet d'association par actions dressé depuis chez
» le notaire de Faucompret ; que ce projet d'association est un
» *monument* irrécusable *de l'absence* de tout intérêt, de tout
» droit, de toute participation dans l'Entreprise ; qu'il dit assez
» éloquemment que je ne pouvois y prendre que la part qu'il
» convenoit aux propriétaires de m'accorder (*) » : enfin que les
conditions mêmes qui me concernoient, et que je proposai lors
de l'association de Laurent avec le sieur Dufour, attestent que je
n'ai jamais eu aucun droit de propriété dans l'Entreprise.

J'ai à regretter beaucoup que la division qui existe à mon sujet
entre les sieurs Robillard-Péronville et Laurent, dont l'un s'obstine
à vouloir me dépouiller de mes droits, qui sont reconnus par l'autre,
ait déterminé le dernier à jouer un rôle purement passif dans le
procès. Je suis privé ainsi d'un grand avantage. En effet, si le
sieur Laurent eût pris une part active à la contestation , s'il figuroit
au nombre de mes adversaires à l'audience , c'est sa loyauté même
que j'aurois invoquée pour obtenir une explication complète sur tout
ce qui m'a été personnel dans les projets, dans les plans, et même
dans les traités qui ont précédé son association avec le sieur Robillard-
Péronville. Et voici ce qui seroit demeuré constant en point de fait.

Le sieur Laurent auroit attesté qu'à l'époque de son traité de
société avec les sieurs Cavaignac et Patris, lui-même me présenta
à eux pour remplacer l'auteur originairement destiné à composer
la partie littéraire de l'ouvrage , et qui avoit quitté la France. Il
auroit ajouté que c'étoit-là un point convenu entre tous les intéressés, mais que les circonstances qui opérèrent bientôt la dissolution
de cette société, furent la seule cause de l'inexécution de la convention qui me concernoit.

(*) Le sieur Robillard-Péronville me reproche de l'entortillage dans mon récit.
Je croyois pourtant m'être rendu bien intelligible en exposant mes griefs, et
je l'ai été assez, en effet, pour qu'il m'ait compris. A-t-il voulu me donner
cette phrase particulière de son Mémoire, comme un *monument* de clarté et de
simplicité ? En ce cas, le sieur Robillard-Péronville n'auroit pas été heureux
dans l'indication du modèle.

Le sieur Laurent auroit déclaré que dans l'acte constitutif d'une autre société entre lui, les sieurs Joli et Beaurepaire, et moi, *j'étois en nom et j'avois un quart d'intérêt*. Indépendamment de toute déclaration de la part du sieur Laurent, la preuve du fait résulte encore du bail de la maison qui fut louée à cette époque, pour devenir tout-à-la-fois le local de l'Entreprise et l'habitation des intéressés. Ce bail, qui fut passé au nom de nous quatre, chez M. Denis, notaire, porte la date du 19 pluviose an 6, et son enregistrement est du 24 du même mois.

Le sieur Laurent auroit dit encore, relativement à la société projetée par actions, que je ne fus chargé de rédiger le Prospectus qui servit de base au plan qu'on dressa ensuite chez M. de Fauconpret, que par cela même que j'étois destiné à composer toute la partie littéraire de l'ouvrage. Une portion de mes matériaux se trouvoit disposée déjà alors. Nous nous étions entendus depuis long-temps, Laurent et moi, pour faire concourir également les lettres et les arts au succès de l'Entreprise. On sent bien qu'il ne pouvoit pas être question de moi personnellement dans un projet d'association par actions. Les conditions que j'avois proposées à M. Laurent en particulier, en ma qualité d'auteur, ne devoient être ratifiées et acceptées que par des administrateurs qu'auroit choisis l'assemblée des actionnaires, dont j'eusse fait partie.

Enfin le sieur Laurent, quant à ce qui me regardoit dans sa société avec le sieur Dufour, auroit confirmé de vive voix, à l'audience, les faits qui résultent du traité signé entre lui et moi, sous la date du 12 vendémiaire an 10, traité dans lequel j'étois reconnu comme auteur du plan de l'Entreprise quant à la partie littéraire, traité auquel la prévoyance du cas possible d'une insuffisance de fonds pour remplir tous les engagemens, empêcha, seule, le sieur Dufour d'accéder.

Le sieur Laurent auroit confessé tous ces faits successifs, et comme il est aujourd'hui membre de cette société Robillard-Péronville et Laurent, au nom de laquelle on me trouble dans ma propriété d'auteur, on porte atteinte à ma réputation, un témoignage tel que le sien eût appris aux juges du procès si c'est à tort, comme l'affirme le sieur Robillard-Péronville, que je fais remonter mes titres et mes droits, comme propriétaire du plan littéraire du *Musée*

Français, à des époques où le sieur Péronville ne soupçonnoit même pas qu'un jour il dût avoir un intérêt quelconque dans cette Entreprise.

Ce n'est pas qu'en définitif tous ces premiers détails soient de nature à influer beaucoup sur le jugement du procès au fond. Car je consentirois à prendre l'époque de mes rapports avec le sieur Robillard - Péronville pour celle où mes droits ont commencé à exister , qu'il n'en seroit pas beaucoup plus avancé. Mais il m'importoit de justifier même celle de mes assertions qui tendent le moins directement au but de mon action judiciaire; il m'importoit d'établir que tout ce que j'ai avancé est exact.

J'arrive à l'analyse des moyens de ma défense. Elle renferme implicitement la réfutation des raisonnemens et des objections du sieur Péronville.

Et d'abord, est-il un seul de nos juges, un seul de nos lecteurs qui, après avoir pris connoissance des faits du procès et des actes que j'ai produits, ne soit demeuré convaincu que le sieur Robillard-Péronville a commis envers moi la plus répréhensible des injustices? N'est-il pas sans exemple que, de deux éditeurs d'un ouvrage qui se compose d'une partie littéraire et d'une partie des arts , l'un, non seulement sans le concours, mais encore contre la volonté formellement exprimée de l'autre, ait imaginé de dépouiller l'écrivain de toute sa portion de propriété, de tous ses droits? Et l'étonnement, pour ne pas dire l'indignation, ne redouble-t-il pas, le scandale n'est-il pas à son comble, lorsqu'à cet auteur ainsi éconduit, spolié, outragé, le même éditeur, sans autre forme de procès et au gré de son humeur, se permet de donner des continuateurs pour un grand travail dont ils n'ont ni le plan ni les matériaux, et qui acceptent une semblable mission?

Mais je n'ai pas seulement l'équité pour moi, je suis protégé encore par l'autorité des principes.

Des principes, je le sais, il en est peu sur cette matière, parce qu'elle se lie à des idées plus ou moins abstraites, plus ou moins métaphysiques, qui semblent la rendre difficile à soumettre à des règles fixes et particulières. La loi du 19 juillet 1793, elle-même, qui forme, à proprement parler, notre législation spéciale sur les propriétés littéraires, est incomplète, et l'on n'y a pas prévu tous les cas. Mais les principes généraux, qui gouvernent les contrats, qui règlent le droit de propriété, qui assurent protection à tous contre toutes sortes d'agressions et d'injures, ces principes généraux existent : je les invoque, je les appelle au secours de ma cause. Et l'on a pu reconnoître , à l'audience, que je n'usois point de tous les avantages qu'ils me donnent. Car, lorsque de savans jurisconsultes avoient pensé qu'en l'absence même d'un acte exprès de société entre les sieurs Robillard-Péronville et Laurent, et moi, j'étois fondé à établir le fait d'une véritable association de ma personne à l'Entreprise par la nature du tribut que j'y apportois, j'aurois pu soutenir, à l'aide de raisons très-solides, cette autre espèce de droit comme m'appartenant aussi. Mais je me borne à ces deux propositions simples :

1.° Je suis propriétaire, comme auteur, de la partie littéraire du *Musée Français*, et j'ai, en cette qualité, des droits qu'on n'a pas pu violer impunément.

2.° En supposant, contre l'évidence des faits, qu'il soit jugé que les sieurs Robillard-Péronville et Laurent sont seuls propriétaires de toutes les parties qui constituent l'ouvrage, et que j'ai été, dans mes rapports avec eux, un simple collaborateur salarié, un simple entrepreneur, un simple *conducteur*, alors encore le sieur Robillard-Péronville n'a pu rompre avec moi sans de justes motifs ; et s'il l'a fait, il me doit l'indemnité de toutes mes dépenses (*), de tous mes travaux, de tout le profit que j'aurois pu trouver dans la consommation de ces mêmes travaux pour le *Musée Français*.

Mais il convient de fixer nettement les idées de nos juges, une bonne fois pour toutes, sur la nature même de l'Entreprise.

La France possède depuis plusieurs siècles une collection de chefs-d'œuvre en peinture et en sculpture, que, sous les auspices de gouvernemens protecteurs des arts , tous les talens se sont empressés, comme à l'envi, de rendre la plus précieuse qui fût connue.

(*) J'expliquerai en temps et lieu ce qu'il faut entendre par les *dépenses* de l'homme de lettres assimilé à un ouvrier.

De magnifiques dépouilles, fruits les plus doux, peut-être, de nos victoires, sont venues, dans ces dernières années sur-tout, ajouter des richesses étrangères à nos richesses nationales en ce genre.

Mais ces tableaux, mais ces statues, tant d'ouvrages merveilleux qui honorent le génie de l'homme, sont renfermés dans l'enceinte d'un Palais qui ne s'ouvre à l'admiration publique qu'à de longs intervalles, et où il n'est donné qu'à un petit nombre d'amateurs, de connoisseurs, de personnes privilégiées, d'aller les contempler journellement.

Ce fut donc une belle conception, ce fut une grande pensée, que celle qui eut pour objet de reproduire, de multiplier par la voie de la gravure toutes ces créations si parfaites de l'art.

Une telle conception, une telle pensée ne pouvoient naître que chez des hommes qui, par état ou par goût, eussent vécu pour les arts. Elles ne furent donc point celles du sieur Robillard-Péronville, qui a la bonne foi de n'en pas revendiquer l'honneur.

Laurent et moi nous méditâmes ce projet, dix ans avant qu'il fût question du sieur Robillard-Péronville.

Mais l'entreprise ne pouvoit se former qu'avec le concours des arts et des lettres. Des gravures sans un texte, ou un texte sans des gravures, n'eussent offert qu'un ouvrage incomplet.

Ce n'est pas tout :

Lorsqu'une semblable collection étoit destinée à renfermer tant de modèles admirables, il convenoit (et ce fut là, je ne crains point de le dire, une pensée supérieure à la première) de faire accompagner les gravures et le texte qui les expliqueroit, d'un ouvrage particulier dans lequel les principes de l'art seroient exposés, d'un ouvrage qui pût former ainsi un véritable *Cours élémentaire et théorique de peinture et de sculpture.*

Tel a été, depuis, l'objet des *Discours sur la peinture et sur la sculpture, tant anciennes que modernes, sur la gravure enfin,* qui sont entrés dans le plan général du Musée Français.

Pour réaliser le projet d'une aussi belle entreprise, il falloit des fonds. Un artiste et un homme de lettres n'en ont guère en réserve. On a vu, dans mon premier Mémoire, combien d'essais infructueux nous fîmes, Laurent et moi, avant de parvenir à rencontrer un capitaliste dont les ressources fussent proportionnées aux besoins de la spéculation.

Mais ces premiers essais eux-mêmes avoient exigé des travaux actifs de notre part. Laurent s'étoit occupé de faire dessiner et graver un grand nombre de sujets. J'avois, moi, disposé en partie les matériaux qui y correspondoient. Je composois mes discours, dont chacun devoit être et est, en effet, un traité sur l'art qu'il a pour objet.

Laurent possédoit donc déjà une quantité considérable de dessins, de cuivres gravés, et je tenois toutes prêtes les notices et explications des sujets, ainsi qu'une partie de mes discours, lorsque le sieur Robillard-Péronville fut appelé à concourir au succès de l'Entreprise comme bailleur de fonds.

Je l'avouerai sans peine (et pourquoi n'en conviendrois-je pas?) nous nous estimâmes heureux d'avoir trouvé le sieur Robillard-Péronville. Sa fortune, sa consistance, ses relations dans le monde, tout nous assuroit en lui un spéculateur solide et digne de confiance. Il ne voulut de traité de société qu'avec Laurent. Des arrangemens particuliers furent pris avec moi. On les connoît; et j'ai prouvé à l'audience comme dans mon premier Mémoire, que ces arrangemens avoient laissé intacts mes droits sur le plan littéraire de l'ouvrage, et sur la propriété, notamment de ce *Cours élémentaire et théorique de peinture et de sculpture* que sont destinés à former mes discours sur toutes les parties de l'art, une fois qu'ils seront complets. J'y reviendrai encore, dans cette Réponse, en quelques mots. J'invoquerai aussi, précisément cet acte de société entre les sieurs Robillard-Péronville et Laurent, où mon adversaire fait remarquer qu'il n'est point question de moi ni de ma *prétendue* propriété littéraire, et je tirerai de quelques-uns de ses articles des conséquences bien opposées à celles qu'en induit le sieur Péronville.

Voilà donc l'entreprise organisée. Elle a pour principes de vie les fonds apportés par Laurent en dessins, en planches, en cuivres gravés, les matériaux littéraires préparés de longue main par moi, et les capitaux à fournir par le sieur Robillard.

Ainsi aidée, soutenue, affermie, elle marche pendant près de quatre années avec un succès complet. La première série de l'ouvrage, qui doit se composer de trois, dont chacune aura quatre volumes, cette première série, dis-je, est destinée à contenir quatre-vingt livraisons. Chaque livraison renferme quatre sujets gravés, quatre notices ou explications de chacun d'eux, et toujours, aussi, une feuille ou deux de l'un de ces discours ou traités sur l'art, qui, dans leur réunion complète, formeront un véritable cours, de telle sorte que les préceptes seront sans cesse accompagnés des modèles. Trente-huit livraisons, c'est-à-dire la moitié de la série moins deux, sont publiées avec le concours de mes travaux littéraires, et le *Discours sur la peinture ancienne* y figure tout entier, ainsi que les soixante premières pages de celui *sur la sculpture ancienne*. Ces trente-huit livraisons, le sieur Robillard-Péronville déclare lui-même, page 7 de son *premier Aperçu*, *qu'elles ont obtenu les suffrages du public, et que rien n'a été épargné pour qu'elles en fussent dignes.*

C'est cependant au moment où la trente-neuvième alloit paroître, que l'un des éditeurs rompt tout-à-coup avec moi, même sans consulter l'autre et malgré ses protestations réitérées. C'est dans ce moment qu'il m'annonce, par une lettre expresse, revêtue de la signature sociale dont il abuse ainsi, que je sais *les motifs qui le forcent* à prendre de nouvelles mesures pour la *rédaction* du texte du Musée Français. Des motifs! Je ne lui en connoissois assurément aucuns, et trente-huit livraisons de texte qui, de l'aveu du sieur Péronville, *ont obtenu les suffrages du public* pendant environ quatre années, écartent toute idée que l'éditeur agresseur eût le plus léger prétexte à tirer contre moi de la nature, de l'esprit, ou enfin de la forme de mes travaux littéraires. Mais des motifs *qui le forçassent!* Je lui en connoissois bien moins encore. Car des motifs de cette nature n'eussent pu consister qu'en des ordres supérieurs, et il n'y a point eu de raisons pour que de pareils ordres existassent; et ils n'ont jamais existé en effet; et s'ils eussent été donnés, il auroit fallu les faire connoître à Laurent, m'en instruire moi-même, au lieu de les tenir cachés; au lieu de laisser éclater un procès; au lieu d'aller insinuant par-tout, d'un air mystérieux et confidentiel, comme l'a fait avec beaucoup d'indiscrétion le sieur Robillard-Péronville, dont c'est peut-être le tort le plus grave dans l'affaire, que le Gouvernement vouloit cela, qu'il avoit ordonné cela, qu'on obéissoit au Gouvernement en cela. Et si l'existence de ces ordres supérieurs n'eût plus été douteuse pour moi, certain alors, par cela seul qu'ils auroient été donnés, que j'en aurois encouru la rigueur par quelque faute ou par quelqu'imprudence, je les aurois respectés, je m'y fusse soumis. Car, dans ce cas-là même, le sieur Robillard-Péronville n'auroit pas eu le droit de détruire nos arrangemens, de s'emparer de mes droits et de me choisir des continuateurs, sans mon consentement ou, à son défaut, sans l'interposition de l'autorité judiciaire. Mais j'eusse eu le bon esprit, alors, de me faire justice moi-même, et de me résigner, par déférence aux volontés du Gouvernement, à des sacrifices d'ailleurs pénibles. Je le répète donc, il n'y eût point eu de procès. Comme il m'importe essentiellement d'établir que je suis, dans toute cette affaire, victime d'un pur caprice du sieur Péronville, qu'il m'a troublé, dépouillé, humilié *sans motifs*, je lui dirai encore plus tard deux mots à ce sujet.

Le sieur Robillard-Péronville éclate donc, et me déclare qu'il va faire choix d'un autre *rédacteur* du texte.

En effet, il appelle les sieurs Visconti et Émeric-David, qui, au mépris des procédés et des égards les plus habituels entre gens délicats et entre gens de lettres, acceptent sans hésiter la mission de continuer mon ouvrage, et dont l'un, notamment, le sieur Émeric-David, laisse annoncer aux souscripteurs, par le sieur Robillard-Péronville, dans un avis exprès, qu'il reprendra et achevra, à partir de la page 61, mon *discours sur la sculpture ancienne,* demeuré suspendu à la fin de la page 60! Ce qu'il a fait, les pages 61, 62, 63 et 64 ayant été publiées depuis, et de sa *rédaction!*

Alors, pour la première fois depuis les quatre années environ que je m'étois associé à l'Entreprise par mes travaux littéraires, je suis forcé d'examiner quels sont mes droits : car je les ignorerois encore sans cette téméraire et inexplicable rupture. Et on en croira sans peine à cette assertion de la part d'un auteur, c'est-à-dire d'un de ces hommes dont l'étude est, pour ainsi dire, l'élément, la gloire le but, le talent le moyen d'y parvenir; d'un de ces hommes qui, passionnés uniquement pour la renommée, un peu vains même si l'on veut, heureux par-dessus tout de leurs innocentes illusions, et jaloux de leur repos, dédaignent la fortune,

et ne sont avertis que par les nécessités les plus ordinaires de la
vie, qu'elle doit entrer aussi pour quelque chose dans les veilles
où ils se consument; d'un de ces hommes qui, fort indifférens
sur leurs droits et très-peu soucieux de leurs intérêts, ont une
si grande ignorance des uns et traitent des autres avec tant de
mal-adresse ; d'un de ces hommes enfin pour lesquels la moindre
distraction de leurs occupations est un malheur, mais un procès
est une véritable calamité.

Or, je trouve et je suis en état de soutenir que ma qualité,
mon titre, bien examinés, bien approfondis, en écartant même
toute prétention d'une association de fait quelconque entre les
sieurs Laurent, Péronville et moi pour une entreprise commune,
sont ceux de propriétaire de la partie littéraire du plan de l'ouvrage; que je n'ai jamais abdiqué, aliéné cette qualité et ce titre,
et qu'ils me donnent des droits spéciaux dont le sieur Robillard-
Péronville n'a pas été le maître de me dépouiller.

Je trouve et je suis en état de soutenir, qu'en supposant même
que, par impossible, je sois jugé n'avoir point un droit de propriété sur la partie littéraire du plan de l'ouvrage, en admettant
qu'il ne faille voir en moi que le simple *collaborateur salarié*
d'un ouvrage dont les sieurs Laurent et Robillard-Péronville sont
seuls propriétaires, qu'un simple *conducteur* dans une entreprise
où ils seroient, eux, les *locateurs*, alors encore le sieur Péronville
n'a pu m'empêcher, sans des motifs légitimes, d'achever l'ouvrage
auquel j'avois consenti à dévouer exclusivement mon temps, mon
travail et mes soins, et que, pour l'avoir fait, il me doit une
indemnité proportionnée au dommage qui en résulte pour moi.

Ce sont ces deux propositions que je vais justifier, en repro-
duisant rapidement les moyens qui ont été développés à l'appui
de l'une et de l'autre dans la plaidoierie.

I.

Je suis propriétaire de la partie littéraire du plan du
Musée Français, *et quels sont mes droits en cette qualité?*

La pensée, aussi, est une propriété de l'homme.
Elle lui est même d'autant plus chère qu'il est plus le maître

de la conserver qu'aucune autre; et alors encore qu'il a consenti
à la révéler, à la communiquer aux autres hommes, à les faire
jouir de tous ses avantages, il en retient encore le domaine jusqu'à
ce qu'il lui ait plu de l'aliéner expressément. Car ce domaine est
aliénable comme tout autre, pourtant avec des modifications qui
tirent leur principe de la nature toute particulière de cette espèce
de propriété.

Je m'explique.

Un auteur s'exerce sur un sujet quelconque de science ou de
littérature.

Il médite, élabore, produit.

Voilà la création; voilà l'ouvrage.

La conception du plan, la pensée qui l'a enfanté, l'exécution,
tout cela est sa propriété, tout cela est sa chose.

Il veut publier. Mais les ressources pécuniaires lui manquent.

Un libraire ou bien un capitaliste se trouve, auquel il cède, il
vend son manuscrit, son ouvrage complet, pour un prix convenu.
Il l'a ainsi aliéné. Mais, dans ce cas-là même, il conserve encore
sur cette propriété, qui n'est plus la sienne, un droit tout particulier, et ce droit consiste à pouvoir empêcher que le libraire ou
capitaliste, même devenu propriétaire du matériel de l'ouvrage
ainsi que des pensées qui le composent, se permette de dénaturer
ces mêmes pensées, de leur en substituer d'autres, de supprimer
des pages, de les remplacer par des pages de la création d'un
autre, en un mot de débiter l'ouvrage autre qu'il ne lui a été remis.
La raison de ce droit est dans le droit naturel d'abord, lequel
s'oppose à ce qu'on puisse nuire à autrui de quelque manière que
ce soit; et ensuite dans le droit positif ou civil, qui protège la
réputation et l'honneur des personnes comme les personnes elles-
mêmes, parce que les conséquences d'une atteinte portée à
l'honneur, à la réputation, ou même à la simple considération
des personnes, peuvent leur devenir extrêmement funestes.

Une autre espèce, c'est celle que présente notre cause elle-
même.

Un auteur a conçu le plan littéraire d'un ouvrage qui aura les
arts pour objet : ce plan consiste, toujours quant à la partie littéraire, 1.° à donner des notices explicatives de chacun des sujets

composant une grande et belle collection de tableaux en tout genre, et de statues, qui figureront dans le même ouvrage, gravés par les plus habiles artistes; 2.° à réduire les préceptes sur l'art en divers traités, dont la réunion formera un cours complet, théorique et élémentaire. Un grand artiste, capable de diriger l'ensemble de pareils travaux, dont le concours produira le plus magnifique des monumens élevés à la gloire des arts, accueille cette même idée, et même participe à l'honneur de la conception. Elle lui plaît d'autant plus que, déjà possesseur d'un grand nombre de dessins, de planches, de cuivres gravés, dont l'auteur du plan littéraire a les sujets tout préparés, les moyens d'une prompte exécution lui sont assurés : cet artiste s'associe un capitaliste. L'entreprise d'un pareil ouvrage est trop immense, elle comprendra un trop grand nombre de volumes pour qu'il soit possible de le publier autrement que par la voie de livraisons partielles et successives. L'auteur consent à recevoir, pour indemnité de son travail, une somme fixe par chacune d'elles. La livraison renfermera un nombre de notices ou explications de sujets correspondant au nombre déterminé de gravures qui sera fourni aux souscripteurs. Elle contiendra aussi un *fragment* de ces mêmes traités ou discours sur l'art destiné à former le cours élémentaire et théorique dont j'ai parlé, de telle sorte que ce sera seulement à l'époque de la révolution des volumes dont l'ouvrage total doit se composer, que ce cours sera *complet* dans toutes ses parties.

Déjà il est sensible que l'auteur de la partie littéraire, qui doit fournir pour chaque livraison, non seulement des notices ayant pour objet d'expliquer et de décrire les sujets gravés, mais encore un *fragment* d'un ouvrage de longue haleine, lequel se compose de diverses parties destinées à former un tout régulier, que cet auteur, dis-je, est bien réellement le propriétaire de la partie du plan général à laquelle se rapporte son travail. Ensuite, il demeure constant qu'en agréant le paiement, par chaque livraison, d'une somme convenue, il n'a pas aliéné ce droit de propriété qui résulte de la conception du plan littéraire, et qui s'étend, spécialement, sur cette partie de travail livrée et distribuée *par fragmens successifs*, laquelle, une fois terminée, doit constituer un ouvrage particulier sur les arts. Tout au plus, si la co-opération de l'écrivain à l'entre-

prise commune se bornoit à des explications de sujets gravés, pour-
roit-on prétendre, de la part des éditeurs, que c'est là une rédaction
éphémère, fugitive, qui ne se compose que d'*unités,* dont aucune
portion n'a rapport à aucune autre, et qui devient chaque fois la
propriété de ceux qui la payent. Mais, dans le travail littéraire par
lequel je contribue, pour ma part, au *Musée Français,* les explications de sujets gravés, quoiqu'elles soient indispensables, quoiqu'aussi elles aient, autant qu'il est en moi de le leur donner, le
mérite de l'exactitude et d'une grande variété de description, sont,
comme composition, ce qu'il y a de moins important. Je conviens
même que si ces notices étoient le seul objet du concours des
lettres avec les arts dans l'entreprise, le système du sieur Robillard-
Péronville, qui tend à me faire descendre à la condition d'un
simple rédacteur salarié et révocable, pourroit obtenir quelque
faveur, bien qu'il fût constant encore alors pour Laurent et
pour moi que la conception du plan de l'ouvrage nous appartient à
tous deux. Mais cette circonstance, qu'un ouvrage de long cours,
distribué *par fragmens* dont la réunion offrira divers traités sur la
peinture et la sculpture tant anciennes que modernes, et sur la gravure, entre dans le plan général de l'entreprise; cette autre circonstance, que mon *discours sur la peinture ancienne,* quoique
terminé et livré aux souscripteurs, n'est lui-même *qu'un fragment*
du cours théorique et élémentaire dont mes autres discours seront
le complément; enfin celle-ci encore, que mon *discours sur la
sculpture ancienne,* autre *fragment* du même cours, n'est publié
qu'en partie, et ne doit, d'après notre plan général, figurer qu'en
tête du *tome* (*) quatrième de la première série; toutes ces circonstances, développées plus au long dans mon premier Mémoire,
pages 9, 10, 11, 15, 16, 17 et 18, prouvent manifestement le
fait de ma co-propriété du plan de l'ouvrage, sous le rapport
littéraire, et mon droit incontestable de co-opération à l'entreprise,
au moins jusqu'à la révolution de la première série. Sur-tout elles

______

(1) J'ai expliqué bien clairement, et dans mon premier Mémoire, pages 16
et 17, et à l'audience, quelle est la différence du *tome* au *volume.* Elle résulte,
comme on peut se le rappeler, d'un classement méthodique qui, seul, suffiroit
pour démontrer ce qu'il y a de sérieux et de légitime dans ma prétention.

repoussent comme vraiment absurde toute idée qu'en acceptant une somme déterminée par chaque livraison, j'aie renoncé à ce droit, je m'en sois dépouillé, puisque la forme seule adoptée pour la publication de tous les matériaux qui concourent au *Musée Français* dépose du contraire. J'ajoute qu'en fait de renonciation les jurisconsultes professent pour maxime qu'elle ne peut se juger par induction, qu'elle doit être expresse, et ce par la raison qu'en ont déjà donnée mes Conseils dans la Consultation qui accompagne mon premier Mémoire, à savoir que nul n'est présumé abandonner son droit, *nemo præsumitur jactare suum,* et aussi par cette autre raison, qu'une renonciation à un droit acquis emporte avec soi des conséquences trop graves pour que l'on puisse l'inférer de quelques actes tacites ou indirects : *renunciatio est majoris momenti ut tacitis actibus colligi possit.*

Je crois fermement que je pourrois borner là les raisonnemens qui tendent à établir ma propriété, toujours existante, du plan littéraire dans l'Entreprise du *Musée Français*, et que ce seroit avoir fait assez pour ma cause ; mais j'ai bien un autre avantage dans ce procès : c'est de pouvoir constater par les propres actes des sieurs Robillard-Péronville et Laurent, qu'eux-mêmes ont reconnu, ont consacré la réalité de mon droit dès leurs premiers pas dans cette entreprise, et que tous leurs faits postérieurs sont confirmatifs de cette reconnoissance formelle et publique.

Un premier Prospectus est distribué par eux en frimaire an 11 (fin de 1802).

Ils y déclarent avoir déjà entre les mains deux cents dessins; ils ajoutent que cent planches sont, ou terminées, ou entre les mains des artistes.

Puis ils indiquent quels objets entreront dans chaque livraison.

Vient ensuite l'annonce de la partie littéraire.

Elle est conçue en ces termes :

« Chaque estampe sera accompagnée de l'explication du sujet » qu'elle représente. On y joindra, s'il y a lieu, des notes historiques » sur le tableau et son auteur, et des réflexions critiques relatives » aux règles de l'art et sur le faire du maître. La partie de la sculp-» ture sera de même expliquée par la mythologie ou l'histoire, selon » que le sujet le comportera ».

(18)

« On donnera, à chaque livraison, un *fragment des discours*
» *qui doivent entrer dans la composition de l'ouvrage entier.*
» Ces discours auront pour sujet le précis de l'histoire de la pein-
» ture ancienne et moderne, de la sculpture à ses différentes époques,
» et de la gravure, tant en bois qu'en taille-douce ; un traité de la
» peinture considérée dans toutes les parties qui constituent cet art ;
» la vie des peintres les plus célèbres des écoles italienne, française,
» flamande et hollandaise, etc. etc. Ces discours pourront être
» placés chacun à la tête des volumes de la collection. »

Ainsi, la partie littéraire consistera, 1.° dans l'explication des
sujets; 2.° dans les discours sur l'art.

De ces derniers, *qui doivent entrer dans la composition de l'ouvrage entier*, il ne sera donné qu'un *fragment* par livraison.

Apparemment que cela résultoit d'un plan général déjà dressé,
déjà arrêté entre des personnes qui s'étoient réunies pour concerter
ensemble les moyens de faire marcher l'Entreprise.

Et en effet, comment les éditeurs, dès leur premier Prospectus,
étoient-ils donc en état de promettre tant de choses au Public?
Comment, par exemple, et sans parler de la forme sous laquelle ils
annonçoient que les notices descriptives des sujets gravés seroient
traitées, savoient-ils si pertinemment, et affirmoient-ils avec tant
d'assurance que les discours auroient pour sujet le *Précis de l'histoire de la peinture ancienne et moderne, de la sculpture à ses
différentes époques, et de la gravure, tant en bois qu'en taille-
douce; un traité de la peinture considérée dans toutes les parties
qui constituent cet art; la vie des peintres les plus célèbres*, etc.?
Sur quelles données, sur quels matériaux fondoient-ils leur espoir
de réaliser tant de travaux? Etoit-ce le sieur Laurent qui apportoit
des manuscrits tout prêts, de sa composition? Non : le sieur Laurent,
graveur distingué, avoit déjà en sa possession ces deux cents dessins,
ces cuivres au nombre de cent environ, qui formoient sa mise sociale. Il n'a jamais eu la prétention de s'occuper de la partie littéraire, et c'est un assez utile tribut qu'il porte dans l'Entreprise, que
celui de son talent, de ses connoissances, de son discernement et
de son goût. Etoit-ce le sieur Robillard-Péronville qui fût devenu
tout-à-coup écrivain, homme de lettres, auteur d'ouvrages sur
les arts? Non, ce ne fut jamais là son ambition. Mais, encore

une fois, comment les éditeurs s'étoient-ils donc déterminés à prendre, avec tant de confiance, de pareils engagemens envers le Public ?

Le voici :

« La partie littéraire » ajoutoient-ils dans leur même Prospectus, « sera composée par le citoyen Croze-Magnan, avantageusement » connu par plusieurs ouvrages sur les beaux arts, et particuliè- » rement sur la peinture. »

Les éditeurs s'étoient donc assurés, à l'avance, du concours de mes travaux à l'Entreprise ? Ils avoient donc connoissance de tous les matériaux divers dont je suis l'auteur, le propriétaire ? Ils les considéroient donc comme l'un des principaux élémens de leur spéculation ? Ils avoient donc concerté avec moi les moyens de les employer, de les utiliser, de les co-ordonner entr'eux ? Un *plan* général, résultat de nos méditations communes, étoit donc arrêté entre nous ? Je devenois donc, par la seule forme donnée à la publication des discours, lesquels seroient distribués par *fragmens* successifs, l'auteur *obligé, nécessaire*, de toute cette partie du plan ? Si cela n'est pas demontré jusqu'à l'évidence, je ne sais plus ce qu'on peut espérer de prouver.

La première livraison du *Musée Français* paroît le 15 floréal an 11 (avril 1803). Les éditeurs lui donnent pour titre : *Le Musée Français, ou Collection complète des tableaux, statues et bas-reliefs qui composent la Collection nationale, avec l'explication des sujets, et des Discours sur la peinture, la sculpture et la gravure, par S. C. Croze-Magnan ; publié par Robillard-Péronville et Laurent.*

Ce titre parle de lui-même.

Le *Musée Français* consiste en deux choses : les tableaux, statues et bas-reliefs qui composent la collection nationale, gravés, et l'explication des sujets avec des discours sur la peinture, la sculpture et la gravure, dont je suis l'auteur, et que ces éditeurs publient. Tout cela est conséquent au premier Prospectus ; tout cela résulte du plan général adopté entre nous tous, et sur lequel, j'ai, comme les éditeurs, mon droit de propriété quant à sa partie littéraire. Mais a-t-il bien été adopté avec moi, ce plan ? Ne l'induis-je pas avec trop de complaisance, et des termes du premier

Prospectus, et de ceux qui ont été employés dans la rédaction du titre ?

Voici ma réponse : Le premier volume publié en entier, les éditeurs distribuent aux souscripteurs l'avis suivant :

« Avertissement contenant le plan général de l'ouvrage. »

« Lorsque MM. Robillard-Péronville et Laurent ont commencé » leurs livraisons, ils ont cherché à les varier pour plaire au Public, » en offrant réunis les divers genres de peinture et de sculpture qui » doivent entrer dans la collection générale; mais actuellement que » le nombre des livraisons donne assez de matière pour former un » volume, ils proposent à MM. les souscripteurs *le plan général* » *qu'ils ont adopté conjointement avec M. Croze-Magnan, chargé* » *de la partie descriptive et littéraire.* »

Cela est-il clair ? cela est-il précis ? Je prie M. Péronville de me dire comment il concilie avec cette déclaration, et avec les termes des Prospectus et des titres du *Musée Français*, cette phrase de son *premier Aperçu*, où il avance, d'un ton si affirmatif, « qu'on » ne m'a point admis aux traités divers, parce que je n'étois *pour* » *rien dans l'invention du plan,* et que *mon concours pour l'exé-* » *cution n'étoit pas cru nécessaire !*

Et qu'on daigne remarquer qu'ici je suis indiqué comme l'auteur de la partie non-seulement *descriptive*, c'est-à-dire qui consiste dans les explications et descriptions de sujets, mais encore *litté-* *raire*, c'est-à-dire qui embrasse toute la littérature de l'ouvrage.

Sur le plan, sur son ordonnance et sur les détails, je ne pourrois que recopier les pages 15, 16, 17, 38, 39 et 40 de mon premier Mémoire. Je me borne donc à supplier mes juges de vouloir bien prendre la peine de les relire, et j'ose l'attendre du desir qu'ils ont de faire bonne justice.

Les éditeurs du *Musée Français* publient un second volume de cet ouvrage. Le titre est le même que celui du premier.

A l'époque du premier mars 1806, un nouveau Prospectus est distribué par eux. Il renferme les mêmes annonces, les mêmes promesses, les mêmes détails. Toutefois, celui-là ne dit plus seulement que la partie littéraire *sera,* mais bien qu'elle *est* composée par moi.

Mais ce n'est pas seulement dans les actes publics émanés des sieurs Robillard-Péronville et Laurent, que je puise les preuves de ma propriété littéraire ; je les trouve encore dans leurs actes privés ; je les trouve précisément dans leur acte de société, que le sieur Péronville m'oppose avec tant de confiance apparente ; je les trouve enfin dans cette révélation si indiscrète et si mal-adroite que mon adversaire a faite, dans son *premier Aperçu,* d'une circonstance de nos rapports, qui est, en effet, bien précieuse pour la décision de la question de propriété.

Disons d'abord deux mots de l'acte de société d'entre les deux éditeurs.

Le sieur Robillard-Péronville s'en prévaut et me l'oppose, en faisant observer qu'il n'y est pas proféré un seul mot de moi, de ma *prétendue* propriété, que je n'y suis pour rien.

Sans doute ; et je l'invoque moi-même, cet acte, comme déposant d'un fait essentiel, à savoir que les éditeurs y ont gardé le plus profond silence sur la partie littéraire de l'ouvrage, excepté dans un seul article, qui est le premier, et où ils ne parlent que de faire composer et imprimer l'historique des estampes, sans qu'il soit question ni *du plan général* de l'Entreprise, ni de la partie littéraire, ni, par conséquent, de ces *discours sur la peinture, sur la sculpture et sur la gravure,* qui entrent pourtant dans le *plan général,* et qui se distribuent *par fragmens* dans chaque livraison, jusqu'à ce que leur réunion complette entièrement l'ouvrage. De ce même acte j'invoque les articles VIII, XIII, XVIII, XXIV, dans chacun desquels les éditeurs, réglant leurs droits de propriété sur les dessins, cuivres et gravures, sur les planches confectionnées, sur les impressions commencées des sujets de ces planches, enfin sur les valeurs mobiliaires de toute nature et de toute espèce qui se trouveront appartenir à la société, s'abstiennent par-tout de faire la plus légère mention de la *partie littéraire :* parce qu'alors le sieur Robillard-Péronville, qui dictoit à peu près les conditions de l'association, n'élevoit pas un seul doute sur mes droits particuliers comme *propriétaire de la partie littéraire du plan général,* qu'il savoit bien avoir été *adopté conjointement avec moi,* ainsi que les éditeurs l'ont déclaré, depuis, par l'avertissement rapporté plus haut. J'invoque encore l'article III

de leur traité sous seing privé, additionnel à l'acte de société,
article où il est dit : « qu'en conformité des articles V et VIII du
» traité de société ci-devant relaté, le citoyen Robillard-Péronville
» devient propriétaire pour trois quarts des dessins, planches et
» gravures comprises audit état ci-devant énoncé aux conditions
» dudit acte de société », et je trouve encore, dans cette per-
sévérance de silence sur la partie littéraire de l'ouvrage, une
preuve confirmative de la précédente.

Je passe aux conséquences qui résultent en ma faveur du fait
même que raconte le sieur Robillard-Péronville avec tant d'ingé-
nuité dans son *premier Aperçu*. Il est à propos de remettre son
propre récit sous les yeux de nos juges, pour qu'ils puissent les
apprécier mieux.

Voici donc ce récit :

« Dans la première année de mon association avec M. Laurent,
» il fallut préparer les nombreux moyens d'exécution avant de s'y
» livrer. M. Magnan nous demanda alors une indemnité pour les
» soins qu'il avoit pris pendant ce temps en ce qui concernoit son
» travail. Nous lui fîmes observer que le payer sous ce rapport
» seroit un double emploi, puisque les matériaux qu'il disoit avoir
» réunis, étoient destinés à trouver leur place dans les livraisons,
» et qu'alors il en recevroit le prix. Il insista : nous consentîmes
» à lui donner mille écus; et, pour motiver ce paiement, il nous
» signa une reconnoissance par laquelle il étoit dit qu'en équivalent
» de cette somme, *tous ses manuscrits relatifs au Musée, qui*
» *se trouveroient chez lui en cas de décès, nous appartien-*
» *droient.* »

Ce fait, vrai dans ses détails, j'avois bien intérêt qu'il fût connu,
je savois tout ce qu'il a d'importance pour ma cause. Mais j'étois
dépourvu des moyens d'en établir la preuve, puisqu'il résulte d'un
écrit signé de moi, et qui se trouve en la possession du sieur
Robillard-Péronville. Je m'étois donc résigné à en perdre l'avantage. Mais voilà que mon adversaire m'en fournit généreusement
le secours. Je vais en profiter, et indiquer les conséquences qui
en découlent.

Si j'ai reconnu, en faveur du sieur Robillard-Péronville, que
tous ceux de mes manuscrits, relatifs au *Musée Français,*

QUI SE TROUVEROIENT CHEZ MOI A MON DÉCÈS, lui appartiendroient.
j'ai donc retenu pour moi, tant que je vivrois, la propriété de ces
mêmes manuscrits, je conserve donc toute ma part de propriété
sur le plan, sur la partie littéraire de l'ouvrage? Ce sera donc à
ma mort seulement que le sieur Robillard-Péronville deviendra
propriétaire de tout ce qui pourra rester d'inédit parmi mes matériaux? Ou bien, s'il falloit tirer de ce fait la conséquence contraire,
et y reconnoître la preuve que j'ai aliéné au sieur Péronville,
même pendant ma vie, tous mes écrits se rapportant à l'Entreprise,
il devra convenir que je n'aurai pas consenti gratuitement à cette
aliénation, à ce dessaisissement de propriété, et qu'en ma qualité
d'auteur, c'est-à-dire en homme un peu jaloux de ma réputation,
un peu amoureux de gloire, j'aurai voulu que tout mon travail
aussi, et nul autre que le mien, soit publié par lui. Car, on ne
présumera pas que je me sois ainsi dépouillé au profit de l'éditeur,
sans m'assurer, suivant la noble expression qu'emploie le sieur
Péronville, un *equivalent* quelconque, et que j'aye mis à sa merci
le fruit de mes veilles pour n'en faire aucune espèce d'usage.
Mais la vérité est que je n'ai jamais abdiqué mon droit de propriété littéraire, et que cela est démontré par les termes mêmes
de la reconnoissance que le sieur Robillard - Péronville a eu la
précaution de se faire donner par moi, puisque cette reconnoissance ne lui assure autre chose que la propriété de ceux de mes
manuscrits *qui pourront se trouver chez moi lors de mon décès.*

Ensuite, lorsque le sieur Robillard est porteur d'un pareil titre,
ne doit-on pas en conclure que si j'eusse annoncé, quelque jour, la
résolution de cesser mes travaux auxiliaires de sa spéculation, mani-
festé la volonté d'en porter le tribut à quelqu'autre entreprise du
même genre, il se fût récrié avec force contre un tel projet de désertion, il m'eût opposé la reconnoissance dont il s'agit pour m'arrêter
dans ma fuite, pour soutenir que je suis l'auteur nécessaire de toute
la partie littéraire du *Musée Français,* que je me suis lié invinci-
blement, par mes propres écrits, à l'achèvement de mes travaux
pour cette Entreprise ?

Enfin, le fait révélé par mon adversaire, ne démontre-t-il pas
la connoissance, la *science* qu'il avoit dès-lors (car ce fait se pas-
soit à une époque où pas une livraison n'avoit encore été publiée)

des nombreux matériaux que je tenois tout préparés? Ne constate-t-il pas l'opinion que le sieur Robillard-Péronville avoit de leur valeur, de leur importance pour l'Entreprise? Ne concourt-il pas à prouver que mes travaux étoient, à ses yeux, des élémens d'un grand ouvrage, dont le plan général, comme il l'a déclaré depuis au Public, avoit été arrêté avec moi?

En vérité, plus j'avance dans cette affaire, plus j'approfondis les moyens qui protègent ma Cause, et plus le sieur Péronville me paroît avoir été un agresseur aussi insensé qu'injuste.

Il est temps de conclure, relativement à ma première proposition. J'ai un droit incontestable de propriété sur le plan général du *Musée Français*, sur la partie littéraire de cet ouvrage. Cela est constant, par les faits même des Éditeurs, par leurs actes géminés. Je l'ai établi. Un mot me reste à dire des droits qui m'appartiennent en cette qualité.

Ces droits, sur lesquels tout a été discuté pour moi dans la Consultation, pleine de force et de raison, qui accompagne mon premier Mémoire, dérivent de nos obligations respectives même. Les miennes sont de faire l'ouvrage; celles des Éditeurs, de le publier. Les droits de ceux-ci consistent à me contraindre à fournir ma part du tribut que je dois à l'Entreprise commune. Les miens, à exiger qu'ils publient mon travail littéraire, du moins pendant toute la durée de la première série, et sur-tout à empêcher qu'ils ne portent atteinte à ma propriété en s'en emparant, et en faisant continuer par d'autres des portions de l'ouvrage entier commencées par moi, et déjà distribuées aux Souscripteurs. Aussi, tel a été l'objet de mes conclusions. Je ne pourrois rien ajouter, sur ce point, aux développemens lumineux qui ont été donnés à cette partie de ma Cause dans la Consultation que je viens de rappeler (*) ; je passe donc tout de suite à la justification de ma seconde proposition.

(*) Pages 26 et suivantes.

I I.

En supposant , contre l'évidence des faits, qu'il soit jugé que les sieurs Robillard-Péronville et Laurent sont seuls propriétaires de toutes les parties qui constituent l'ouvrage , et que j'ai été, dans mes rapports avec eux , un simple collaborateur salarié, un simple entrepreneur , un simple conducteur, alors encore le sieur Robillard-Péronville n'a pu rompre avec moi sans de justes motifs ; et s'il l'a fait , il me doit l'indemnité de toutes mes dépenses , de tous mes travaux , de tout le profit que j'aurois pu trouver dans la consommation de ces mêmes travaux pour le Musée Français.

Mon amour-propre d'auteur , car j'en ai comme tous les autres , souffre un peu , je l'avoue , de descendre ainsi à une condition qui ne doit pas être la mienne. Mais enfin il faut donner au sieur Robillard-Péronville cette petite satisfaction de supposer que je n'ai été autre chose dans l'entreprise du *Musée Français* , qu'un rédacteur à ses gages, que le *simple conducteur* d'un ouvrage , dont la société Robillard-Péronville et Laurent est le *locateur*. Alors encore , et dans cette hypothèse la moins honorable pour moi , il existe d'autres principes que je suis fondé à invoquer.

De ces principes, qui ont été exposés avec clarté dans la Consultation rappelée plus haut, et qui gouvernent la matière du contrat de louage d'ouvrages, il résulte que les Éditeurs du *Musée Français* et moi, nous avons des obligations et des droits respectifs.

Mais quelques réflexions préliminaires doivent trouver leur place ici.

Qu'il me soit permis de le dire , ce n'étoit pas, peut-être, un rédacteur ordinaire, pour des travaux littéraires sur les arts, que l'écrivain qui avoit préludé à ces travaux par des voyages en Grèce, en Italie, en Suisse, en Angleterre ; qui, dans le cours de ses voyages et de retour dans sa patrie, avoit vécu avec les artistes les plus distingués dans tous les genres ; que le célèbre Vernet avoit honoré de sa bienveillance et éclairé de ses conseils ;

que le savant et habile Valenciennes s'étoit associé comme un collaborateur utile dans la composition d'un ouvrage important ;
qu'enfin l'auteur Espagnol de la description du beau tableau de la
Transfiguration, de Raphaël, juge avoir été un digne traducteur
de son ouvrage. Dût encore le sieur Robillard-Péronville m'accuser
de jactance, il sera forcé de convenir, ou, du moins, tout le
monde reconnoîtra qu'il y avoit eu de la part des éditeurs quelque discernement à faire choix d'un pareil co-opérateur, d'un
pareil *conducteur*.

Me voilà donc, dans les termes du contrat de louage d'ouvrages,
l'*entrepreneur* d'un ouvrage dont la société Laurent et Robillard-
Péronville est le *maître*. Me voilà attaché, voué exclusivement à
l'Entreprise du *Musée Français* ; renonçant à m'associer, par-tout
ailleurs, à une spéculation du même genre ; me privant du droit de
publier moi-même, pour mon propre compte et pour celui de
tout autre que la société Laurent et Robillard-Péronville, aucun
de ces discours sur l'art que j'avois laissé annoncer par elle, dans
ses Prospectus, comme devant figurer en tête de chacun des volumes de la collection.

Toutes ces obligations, en effet, étoient les miennes. Et l'on sent
que si j'eusse imaginé d'abandonner tout-à-coup l'Entreprise ; de
m'en retirer pour aller porter à d'autres spéculateurs mes manuscrits, mes matériaux ; ou bien de prétendre faire imprimer à part,
et comme ouvrage séparé du sien, mes traités divers formant,
dans leur ensemble, un véritable cours théorique et élémentaire
de la peinture et de la sculpture, le sieur Robillard-Péronville n'eût
pas tardé à jeter les hauts cris. On ne doute pas qu'il n'eût invoqué
nos engagemens, les Prospectus rédigés par moi, le titre que
j'avois laissé donner à l'ouvrage, l'avertissement sur le plan général du *Musée Français*, dans lequel j'avois trouvé bon qu'on
déclarât à tous les souscripteurs que ce plan avoit été adopté conjointement avec moi. On reconnoît que de toutes ces circonstances
il eût tiré la preuve de mes torts à son égard ; qu'il se fût plaint
avec succès de ma désertion dans les Tribunaux, et qu'il eût
obtenu la répression de l'injustice dont je me serois rendu coupable
envers lui. Enfin, il sera évident pour tout homme de bonne foi
que je n'eusse pas commis impunément un pareil écart, même

avec des motifs légitimes, lesquels ne m'auroient pas donné le droit de me faire justice à moi-même, mais seulement celui de la demander aux Magistrats compétens pour la rendre.

Mes obligations étoient encore de faire l'ouvrage, de le faire convenablement, de le faire pour le terme fixé.

Mais si j'avois des obligations à remplir, et elles constituoient les droits des éditeurs, j'avois aussi mes droits, desquels résultoient leurs propres obligations. C'étoit, entr'autres choses, de ne pouvoir pas être arrêté par eux dans l'exécution de l'ouvrage tant que rien, de mon fait, ne s'opposoit à cette exécution.

Quatre années environ s'écoulent, pendant lesquelles trente-huit livraisons, c'est-à-dire, presque deux volumes de la première série, sont publiées, et, de l'aveu du sieur Pérouville lui-même, au grand contentement des souscripteurs. Tout à-coup, cependant, il me rompt en visière, il me signifie un congé, il m'expulse sans autre forme de procès, et me donne des continuateurs.

Le *locateur*, dans le contrat de louage d'ouvrages, a bien le droit, sans doute, de provoquer la cessation des travaux, s'il a des motifs légitimes de mécontentement ou de plainte contre le *conducteur*. Mais alors même il n'est pas, il ne peut être le juge de ses propres motifs. Il doit, dans ce cas, faire interposer entre l'entrepreneur et lui l'autorité judiciaire. Sous ce premier rapport donc, et en admettant, ce qui n'est pas, que le sieur Robillard-Pérouville eût eu des raisons sérieuses pour rompre avec moi, il seroit déjà répréhensible comme ayant commis un acte arbitraire, et comme s'étant dispensé de recourir à la seule autorité qui pouvoit, par de justes causes, anéantir nos rapports et briser nos conventions.

Mais si le *locateur* n'a pas eu de motifs, s'il ne justifie d'aucuns, s'il a tout détruit, uniquement parce qu'il l'a voulu, alors il doit au *conducteur* l'indemnité, non-seulement de ses travaux, non-seulement de ses dépenses, mais même de ce qu'il auroit pu gagner dans l'entreprise. C'est *Pothier*, entr'autres, qui dit cela, et qui, comme on le sait, a traité la matière *ex professo*. Il s'en explique avec tous les développemens désirables, *Traité du contrat de louage*, partie VII, chap. IV, page 2. C'est sur-tout la loi qui le veut ainsi , et l'article 1794 du Code civil, ne faisant que consacrer à cet égard les principes établis par la loi romaine, et qu'avoit développés *Pothier*, en contient une disposition expresse.

Toute la question se réduit donc à vérifier si le sieur Robillard-Péronville a eu des motifs pour faire, à **mon** préjudice, un éclat si scandaleux. C'est une chose trop notoire, aujourd'hui, qu'il n'en a jamais eus. Je n'ai pas l'intention de me rengager ici dans les détails de la misérable querelle qu'il m'a suscitée à propos de mon article littéraire sur *les Élémens*, formant la notice descriptive du tableau de l'Albane, qui représente ce sujet. Je prie mes juges de daigner relire les pages 23, 24 , 25 et 26 de mon premier Mémoire, où se trouvent ces détails. Mais je dois ajouter un complément à celles des réflexions que j'ai déjà faites sur ce point dans le cours de la présente Réponse.

Le sieur Robillard Péronville, dont j'étois, au moins, le collaborateur salarié, depuis près de quatre ans, pour un ouvrage qui avoit *obtenu les suffrages* du public (ce sont ses propres expressions) ne pouvoit trouver le plus léger prétexte de plainte contre moi dans le fond ni dans la forme de mon travail. Car, je l'avoue sans hésiter , si jamais il eût eu à me reprocher le moindre écart des bienséances ; si jamais je me fusse oublié jusqu'à outrager les mœurs , jusqu'à méconnoître le respect qui est dû à la religion ; ou bien si j'eusse commis quelqu'irrévérence envers le Gouvernement ; en un mot, si j'eusse été assez insensé , assez mauvais citoyen pour m'attaquer à quelqu'une de ces choses qui sont saintes et sacrées aux yeux de tout homme honnête , le sieur Robillard - Péronville, sans avoir le droit de me congédier *ipso facto*, se seroit fondé avec raison sur l'un de ces torts si graves pour me contraindre judiciairement à cesser mes travaux relatifs à son Entreprise. Si, même, à l'occasion de cet article sur *les Élémens*, bien indifférent, bien innocent, et qui, pourtant, est devenu le prétexte UNIQUE de la rupture avec moi, quelque volonté supérieure se fût manifestée contre le rédacteur de cet article , si des *ordres* eussent été donnés au sieur Péronville de ne plus l'employer comme collaborateur de son ouvrage, ce qui ne pouvoit arriver, comme on le sent bien, qu'au cas où des erreurs eussent été assez dangereuses pour compromettre le sort d'un ouvrage dont l'Empereur avoit daigné accepter la dédicace, je l'ai dit, et je le répète, une fois instruit d'une telle disgrace par le sieur Robillard-Péronville, je me serois résigné à la supporter: l'idée même de faire valoir mes droits, tous constans qu'ils sont, ne fût point entrée dans mon esprit, et le scandale d'un procès n'existeroit pas aujourd'hui entre l'auteur de la partie littéraire du *Musée Français*, et les éditeurs de cette collection. Mais à quel homme de bon sens, à quel juge éclairé le sieur Péronville a t-il pu espérer de persuader que de pareils ordres aient jamais été donnés ? A qui s'est-il flatté de faire croire que le Chef suprême du Gouvernement soit descendu des hauteurs de ses conceptions politiques et militaires jusqu'à la discussion sérieuse d'un article littéraire de ma façon ? Qu'il ait été blessé de telle ou telle doctrine, en matière de physique, au point de s'armer d'une semblable rigueur contre l'écrivain qui l'auroit professée ? Le sieur Robillard - Péronville l'a dit cependant, et l'a dit à beaucoup de personnes. Je sais bien qu'il s'en défend aujourd'hui : je sais que, houteux de son imprudence, il s'efforce de corriger ses premières assertions par une explication un peu tardive ; je sais qu'il va montrant par-tout, non pas des *ordres*, mais la lettre à lui écrite par un personnage très - subalterne au sujet de l'article sur *les Élémens*, lettre que ce personnage n'a point reçu l'ordre d'adresser au sieur Péronville, et qui étoit, entr'eux, une simple communication de particulier à particulier. Je sais tout cela ; mais il m'est trop connu aussi que ce n'est pas là la conduite que le sieur Péronville a tenue depuis six mois, et bien qu'il nie présentement avoir jamais parlé d'ordres qui me concernassent, je consentirois volontiers, si la chose étoit possible, à soumettre le procès au résultat d'une enquête sur le fait, dans laquelle je m'engagerois à faire entendre plusieurs témoins qui en déposeroient. C'est ainsi qu'une première faute en entraîne souvent une plus grave. Je n'avois eu d'abord à reprocher au sieur Robillard - Péronville qu'un mouvement d'humeur. J'aurois, aujourd'hui, des raisons pour l'accuser de perfidie. Toutefois, je suis loin d'aller jusque là, et malgré les justes sujets de plainte qu'il m'a donnés contre lui, malgré le tort qu'il m'a causé en me troublant dans des travaux paisibles, en déconcertant toutes les espérances que j'avois fondées sur le succès de la partie littéraire de notre commune entreprise , en me nuisant dans ma fortune et dans ma réputation , je crois encore qu'il n'a pas voulu me faire le mal qu'il m'a fait. Il est des hommes, honnêtes et estimables d'ailleurs, qui ont pour foible celui d'aimer à se donner beaucoup d'importance. A les entendre , c'est le Gouvernement qui pense tout ce qu'ils pensent, c'est le Gouvernement qui veut tout ce qu'ils veulent; ils mettent sans cesse le Gouvernement en jeu , et ils ne calculent certainement pas les conséquences d'une pareille légèreté. Le sieur Robillard-Péronville est un de ces hommes, le sieur Robillard-Péronville a ce défaut. Puisse la leçon qu'il reçoit aujourd'hui l'en corriger pour l'avenir!

Il n'y a donc eu aucuns motifs plausibles pour que les éditeurs du *Musée Français* missent obstacle à la continuation de mes travaux relatifs à leur Entreprise. Ils ne peuvent même , comme on vient de le voir, alléguer une force majeure pour justifier cet acte arbitraire. Et à propos de force majeure, on daignera remarquer ici que le sieur Robillard-Péronville , dans un temps où il étoit plus juste à mon égard , avoit eu la précaution de s'assurer que mon décès même ne viendroit pas le priver des matériaux qui se trouveroient être encore en ma possession alors, pouvant servir à compléter la partie littéraire du *Musée Français*. On n'a pas oublié , en effet , cette reconnoissance qu'il avoit exigée de moi; reconnoissance au moyen de laquelle il se conservoit les moyens de continuer l'ouvrage sur le même plan, avec les mêmes idées que par le passé, et de pouvoir livrer complets aux souscripteurs mes traités divers , pour peu que j'eusse vécu quelque temps encore avant l'expiration du terme auquel doit être achevée la première série ; reconnoissance enfin qui, pour le dire en passant, n'est pas la moindre preuve de la haute opinion qu'il s'étoit formée du mérite de ma co-opération à l'Entreprise.

Si la société Robillard-Péronville et Laurent n'a été fondée sur aucuns motifs raisonnables , en m'arrêtant tout-à-coup dans l'exécution d'un ouvrage auquel je m'étois dévoué sur la foi de nos arrangemens , la conséquence inévitable du trouble dont je me plains , est que j'ai le droit d'obtenir contre elle des indemnités proportionnées au dommage considérable qui en résulte pour moi.

Ces indemnités me sont dues d'autant plus légitimement, que les éditeurs du *Musée Français* n'ont pas même l'excuse d'avoir renoncé à l'objet de leur spéculation par l'impossibilité de la continuer, puisqu'ils ne m'ont éconduit que pour me donner des successeurs dans la rédaction de cette même partie littéraire dont j'ai fourni trente-huit livraisons. Mais avant de m'expliquer sur les bases des dommages-intérêts que je réclame, je dois aborder la grande objection que me fait le sieur Robillard-Péronville, la seule même, à vrai dire, qu'il ait présentée dans son *premier Aperçu*, et que, sans doute, on s'efforcera de reproduire à l'audience avec tous ses développemens.

Vous n'avez aucun titre contre moi, me dit le sieur Péronville ; il n'y a pas eu de conventions entre nous qui nous aient liés l'un envers l'autre. Je vous ai pris pour collaborateur, parce que cela m'a plu ; je vous renvoie parce que cela me convient. Vous étiez le maître de rester avec moi tant que je l'eusse trouvé bon, mais aussi de me quitter quand vous l'auriez jugé à propos. Encore une fois, il n'y a pas de conventions entre nous ; vous êtes non-recevable.

Est-ce bien sérieusement, est-ce de bonne foi, sur-tout, que le sieur Robillard-Péronville, avec la science intime qu'il a de tous les faits qui se sont passés entre nous et dont il s'est bien gardé de rendre confident son défenseur, afin de mettre ce dernier plus à l'aise, ose me tenir un pareil langage ? Au surplus, ce n'est pas seulement à ces faits particuliers, à la loyauté personnelle du sieur Péronville sur leurs conséquences, que j'en appelle. J'ai aussi des titres, quoiqu'il affecte de les méconnoître ; j'invoque aussi des actes obligatoires pour lui, bien qu'il me porte le défi d'en représenter.

Il n'y a pas de conventions !

Le sieur Robillard-Péronville ignore donc que les obligations ne résultent pas seulement de titres, mais qu'elles se contractent encore par le fait ? *Re contrahitur obligatio.* Il ignore donc qu'un point reconnu entre les jurisconsultes, c'est que la convention peut s'établir par le fait tout aussi bien que par des paroles expresses ? *Sive re, sive verbis fiat.* Il ignore donc qu'une obligation, pour être écrite dans un titre qui n'a pas, judaïquement parlant, la forme extérieure d'un contrat, n'en doit pas moins produire ses effets ? La Consultation qui accompagne mon Mémoire auroit dû pourtant lui apprendre tout cela.

Il n'y a pas de conventions!

Mais, comment s'est-il donc fait qu'à l'époque du 1.er frimaire an 11 (fin de 1802), c'est-à-dire, quatre mois avant la distribution de la première livraison du *Musée Français* aux souscripteurs, les sieurs Laurent et Robillard-Péronville, alors déjà associés depuis huit mois, aient, dans un premier *Prospectus*, annoncé une partie littéraire qui se livreroit *par fragmens* avec la partie pittoresque ? Comment s'est-il donc fait qu'ils aient donné des promesses, des assurances si formelles au Public ; qu'ils se soient avancés, par exemple, jusqu'à lui dire, non seulement que « chaque estampe seroit accompagnée de l'explication du sujet » qu'elle représenteroit ; qu'on y joindroit, s'il y avoit lieu, des » notes historiques sur le tableau et son auteur, et des réflexions » critiques relatives aux règles de l'art et sur le faire du maître; » que la partie de la sculpture seroit de même expliquée par la » mythologie ou l'histoire, selon que le sujet le comporteroit », mais encore « qu'on donneroit, à chaque livraison, un fragment des » *discours qui doivent entrer dans la composition de l'ouvrage* » *entier ;* que ces discours *auroient pour sujet* le précis de l'his» toire de la peinture ancienne et moderne, de la sculpture à » ses différentes époques, et de la gravure, tant en bois qu'en » taille-douce ; un traité de la peinture, considérée dans toutes les » parties qui constituent cet art; la vie des peintres les plus cé» lèbres des écoles italienne , française , flamande et hollan» daise, etc., etc. ; que ces discours pourroient être placés chacun » à la tête des volumes de la collection » ? Comment s'est-il donc fait qu'à la suite de tant de promesses précises ils aient déclaré que la partie littéraire SEROIT COMPOSÉE par le sieur Croze-Magnan? Comment expliqueront-ils tout cela, si un concert bien parfait n'eût existé entre nous trois sur le plan général, sur la forme , sur les moyens d'exécution de l'ouvrage ; s'il n'eût été *convenu* entre nous que je décrirois chacun des sujets gravés, que je donnerois des *traités* sur la peinture, sur la sculpture, tant anciennes que modernes, sur la gravure, lesquels ne se distribue-

roient que par *fragmens* successifs ? Mais lorsque la société Robillard-Péronville et Laurent jetoit avec profusion dans le Public
une pareille annonce, n'est-ce pas comme si elle eût proclamé ceci :
« Nous déclarons à tous ceux entre les mains desquels pourra
» tomber notre Prospectus, qu'il est convenu entre nous et
» M. Croze-Magnan, que cet écrivain composera la partie littéraire
» du *Musée Français*; qu'il la composera *toute entière*; que les
» discours, les traités sur les arts, qui sont le fruit de ses recher-
» ches, de ses observations, de ses méditations, seront livrés
» *complets* aux souscripteurs, et ils ont pour garant de la certitude
» de posséder une partie littéraire *complète*, précisément ce fait
» que les discours ou traités qui doivent entrer dans la composi-
» tion de *l'ouvrage entier* ne leur seront remis que par *fragmens*,
» ce qui entraîne visiblement la nécessité de leur donner le *tout*
» de sa rédaction. Nous sommes même d'autant plus certains de
» pouvoir remplir nos engagemens envers les souscripteurs, que
» nous avons étendu notre prévoyance jusqu'à l'évènement pos-
» sible du décès de M. Croze-Magnan, et que nous avons pris nos
» précautions pour pouvoir, même ce cas arrivant, continuer
» la partie littéraire du *Musée Français* avec tous les matériaux
» qu'il aura laissés, et dont nous nous sommes assurés que la pro-
» priété nous appartiendroit alors. » Si ce n'est pas là ce qui résulte
déjà du premier Prospectus, il faut désespérer de réussir jamais à
faire prévaloir la vérité sur des argumentations.

Il n'y a pas de conventions !

Mais l'exécution donnée par moi, en ce qui me concernoit, pendant quatre années environ, à toutes les promesses ainsi faites aux
souscripteurs, quant à l'objet et à la forme de la partie littéraire
du *Musée Français*, n'est-elle donc pas la plus forte preuve de
l'existence de conventions préalables, d'obligations respectivement
contractées ?

Il n'y a pas de conventions !

Mais le *titre* donné aux premier et second volumes de l'ouvrage,
titre qui me présente aux souscripteurs comme l'auteur de toute la
partie littéraire, et singulièrement de ces discours sur la peinture,
sur la sculpture et sur la gravure, qui doivent entrer dans la composition de l'ouvrage entier; ce titre, dis-je, n'est-il pas une con-

séquence de conventions arrêtées entre les éditeurs du *Musée Français* et l'auteur de la partie littéraire de cette collection ?

Il n'y a pas de conventions!

Mais cet *avertissement sur le plan général* de l'ouvrage, qui fut adressé par les éditeurs aux souscripteurs, en livrant à ceux-ci le complément du premier volume; cet avertissement dans lequel il leur est déclaré, en termes exprès, que le plan général a été *adopté conjointement avec moi, comme chargé de la partie descriptive et littéraire*, peut-il laisser un doute sur le fait d'arrangemens pris entre nous, de conventions pré-existantes, dont la mise en activité de l'Entreprise et sa marche assurée étoient le résultat ?

Il n'y a pas de conventions!

Mais la forme même adoptée par les éditeurs pour faire jouir les souscripteurs d'un tout régulier, d'un ensemble parfait, en définitif; mais cette conversion nécessaire des volumes en *tomes*, ce classement méthodique, dont l'effet sera de réunir l'histoire avec l'histoire, les portraits avec les portraits, les marines, paysages et vues, avec les vues, paysages et marines, les statues et bas-reliefs avec tous les sujets de sculpture gravés; cette distribution finale dont le résultat, si d'autres écrivains que moi continuoient et achevoient la partie littéraire du *Musée Français*, seroit de former des tomes qui offriroient mon nom comme auteur, lorsqu'une portion du travail ne seroit plus le même, et m'exposeroit ainsi à la responsabilité des bévues et des fautes d'autrui, lorsque je n'ai entendu être garant que des miennes ; toutes ces circonstances-là, dis-je, ne présupposent-elles pas une convention formelle entre les éditeurs et l'auteur ? Car, au moment où s'opérera le classement méthodique, j'aurois à me plaindre, soit que mon nom figurât seul sur le titre des tomes, soit que les éditeurs imaginassent de l'accoler à ceux des sieurs Visconti et Emeric-David, soit enfin que les titres présentassent seulement les noms de ces derniers. Au premier cas, il se trouveroit dans le *tome* des morceaux littéraires, des explications de sujets qui ne seroient point mon ouvrage, et dont je ne voudrois point que l'honneur ou le blâme me fût attribué par le Public. Au second cas, rien n'indiqueroit quels articles m'appartiennent, quels autres seroient sortis de la plume des sieurs Visconti et Emeric-David, et il m'importeroit qu'aucun doute n'existât à cet égard. Dans la troisième supposition, il y auroit véritable usurpation, véritable fraude, puisqu'infailliblement le tome, quel qu'il fût, qui porteroit les seuls noms des sieurs Visconti et Emeric-David, renfermeroit des articles de ma façon. Et le sieur Robillard-Péronville pourroit nier qu'il y eût dans cette seule circonstance de l'affaire, une preuve de la convention faite entre lui et moi que je composerois toute entière la partie littéraire du *Musée Français !* Nous sommes, en ce cas, bien loin de compte : car je crois fermement, moi, qu'il suffiroit de cette même circonstance, au procès, pour rendre inadmissible le système de défense dans lequel mon adversaire persiste à se retrancher.

Il n'y a pas de conventions !

Mais ce *second Prospectus*, en date du 1er. mars 1806, publié ainsi plus de trois ans après le premier, et à une époque où le premier volume étoit déjà livré complet depuis long-temps, et où le deuxième se trouvoit distribué en grande partie ; le *second Prospectus*, en tout conforme au premier, mais plus précis encore, puisqu'il n'annonce pas seulement, comme le précédent, que la partie littéraire *sera*, mais qu'elle *est* composée par le sieur Croze-Magnan, n'impliquoit-il pas une confirmation solennelle des engagemens que la société Robillard-Péronville et moi nous avions pris l'un envers l'autre ?

Il n'y a pas de conventions !

Mais, à quel effet donc le sieur Laurent, l'un des membres de la société, m'auroit-il fait passer, dans une lettre du 10 mars dernier, la note détaillée des planches devant composer la trente-septième livraison jusqu'à la quarante-troisième ? A quel effet le sieur Péronville lui-même m'auroit-il remis, le 30 du même mois, une note écrite de la main du sieur Dupré, son commis, indiquant, *au nombre de* 99, les articles qui faisoient le sujet de chacune des planches étant alors entre les mains des divers graveurs ? A quoi bon me désigner ainsi, à l'avance, une quantité de sujets qui formoient plus d'un volume par-delà ce qu'il y avoit déjà de livré ? N'est-il pas évident qu'en agissant ainsi, le sieur Robillard-Péronville consacroit surabondamment la preuve des conventions qui me lioient à l'Entreprise, au moins jusqu'à la révolution de la première série ?

Mais c'est précisément cela que je nie, s'écrie mon adversaire. Je nie que vous fussiez lié envers nous. Je soutiens qu'au contraire vous étiez libre de nous abandonner quand vous l'auriez voulu, de même que nous avons été les maîtres de vous congédier quand il nous plairoit.

Je conçois que le sieur Robillard-Péronville feigne aujourd'hui de méconnoître les droits qui lui eussent appartenu dans le cas où, au lieu que ce soit lui qui eût rompu avec moi, cette rupture auroit éclaté de ma part. Heureusement, les Magistrats en présence desquels nous sommes, ne jugeront pas la cause en accommodant leurs principes à l'intérêt de mon adversaire. Et voici ma réponse à l'objection.

Le sieur Péronville, ou essaye sciemment de faire prendre le change au Tribunal sur les conséquences des actes qui figurent dans le procès, ou bien se trompe gravement lorsqu'il prétend que j'eusse pu, au gré de mon caprice ou dans un accès d'humeur, cesser tout à-coup mes travaux littéraires relatifs à l'Entreprise. Non, je ne l'aurois pas pu faire impunément. Non, je n'étois pas le maître, après avoir laissé déclarer à plusieurs reprises, par les éditeurs aux souscripteurs, dans les Prospectus, dans les titres des volumes, dans des avertissemens sur le plan général de l'Ouvrage annoncé comme conçu, comme adopté conjointement avec moi, dans toutes les feuilles publiques, *que je composerois la partie littéraire de l'Ouvrage entier;* après avoir livré des *fragmens* de traités sur l'art, je n'étois pas le maître, répéterai-je, de compromettre ainsi, par une brusque et malhonnête désertion, le sort de l'Entreprise. Non, ce n'eût pas été en vain que le sieur Robillard-Péronville eût invoqué la justice des tribunaux devant lesquels il se fût hâté de me traduire. Là, il eût déroulé avec succès toute cette série d'actes que je fais valoir aujourd'hui contre lui. Là, il en eût tiré contre moi toutes les conséquences qui l'atteignent lui-même dans le procès actuel. Là, il eût dit avec raison que la société Robillard-Péronville et Laurent n'avoit émis ses Prospectus, fait ses promesses au Public, donné ses titres à l'Ouvrage, adressé des avertissemens aux souscripteurs sur le *plan général du Musée*

Français, arrêté une distribution, d'abord indistincte et confuse, de la partie littéraire elle-même, à laquelle succéderoit, en définitif, un classement méthodique, que sur la foi de nos engagemens respectifs. Il eût, le sieur Péronville, crié hautement à la violation des miens; il eût représenté le péril dans lequel j'entraînois son Entreprise toute entière en l'exposant à trahir les espérances des souscripteurs et à manquer l'objet de sa spéculation. Et les tribunaux, déterminés par la force de ses raisons, non moins qu'indignés de la bisarrerie et de la déloyauté de mon procédé, n'eussent pas manqué de réprimer avec sévérité un pareil écart, comme aussi de prononcer contre moi les condamnations qu'il auroit provoquées. Ce qu'on eût fait contre moi, violateur de mes engagemens, il est de toute justice qu'on le fasse à l'égard du sieur Robillard-Péronville, infracteur de nos conventions. Car il ne faut changer ici que les noms : *mutato nomine, de te fabula narratur.*

J'ai donc prouvé jusqu'à l'évidence, j'ose le dire, qu'il est dérisoire, qu'il est absurde de prétendre, comme fait mon adversaire, que parce qu'il n'y a pas dans la cause, judaïquement parlant, un contrat en bonne forme renfermant des conventions écrites, il n'y a pas non plus entre nous des obligations respectives. Que le sieur Robillard-Péronville apprenne et retienne bien qu'autant les principes sont respectables dans leur application juste, autant l'abus qu'on en fait est voisin de l'injustice : *Summum jus, summa injuria.*

Puisqu'il existoit entre nous des engagemens respectifs, véritablement obligatoires, puisque le sieur Péronville les a violés sans motifs légitimes, mon droit à des indemnités n'est pas douteux.

Ces indemnités, on l'a vu plus haut, ce sont les auteurs, c'est la loi positive elle-même qui en déterminent les bases en pareille matière.

Dans l'espèce, il m'en est dû, comme *conducteur,* pour tout ce que l'Entreprise auroit pu me procurer de gain, c'est-à-dire pour une valeur proportionnée au prix de mon travail dans les quarante-deux livraisons que j'étois prêt à fournir, sans l'obstacle qu'y apporte le *locateur.*

Il m'en est dû pour l'état d'inutilité, de stérilité absolue à laquelle vont se trouver réduits désormais tous les matériaux que j'avois destinés à figurer dans la première série de l'Ouvrage. Et ici, je supplie mes juges de daigner le remarquer, la demande en indemnité est justifiée par des raisons très sérieuses.

En effet, le sieur Péronville m'a placé dans une position tout-à-fait singulière et très-fâcheuse. On va pouvoir s'en convaincre.

J'ai publié en entier mon *Discours sur la peinture ancienne;* il se trouvera en tête du tome premier de l'Ouvrage. Celui *sur la sculpture ancienne* a été imprimé en partie seulement, mais le sieur Péronville me prive de l'espoir légitime que j'avois conçu d'en voir l'impression achevée. Si, le procès une fois jugé, j'imaginois de réunir en un seul corps d'ouvrage tous mes discours sur la peinture, la sculpture, tant anciennes que modernes, et sur la gravure, et par conséquent d'y comprendre ceux de ces mêmes discours qui sont déjà imprimés en tout ou en partie dans la collection du *Musée Français,* si, ensuite, j'en publiois l'ensemble formant un cours complet sur l'art, le sieur Péronville ne manqueroit pas de s'écrier que je vais sur ses brisées, que je n'ai plus le droit de reproduire la partie de mon travail qu'il a acquise et payée, et, la loi du 19 juillet 1793 à la main, il viendroit invoquer contre moi la justice des Tribunaux. De telle sorte, comme je l'ai fait observer dans mon premier Mémoire, que privé de la partie de mon ouvrage qui est *déjà publiée et dont je ne puis plus disposer,* de la partie *achevée et qu'on ne veut plus publier,* et enfin de celle *commencée dont les éditeurs ne* donneront point la suite, je perds tout espoir de pouvoir tirer jamais aucun parti utile de mes nombreux matériaux. Ce que j'ai réuni d'observations sur les arts depuis trente ans devient sans objet. Je vois s'évanouir à-la-fois, et cette illusion de gloire qui étoit un des stimulans les plus actifs de mon travail, et une ressource honorable pour mon existence. D'un autre côté, aussi, d'après les notes qui me furent remises en mars dernier, tant par Laurent que par le sieur Péronville lui-même, j'avois préparé un très-grand nombre d'articles descriptifs, d'explications de sujets gravés. Voilà autant de *dépenses* inutiles. Tout cela est perdu aussi. Certes, elle se fonde sur des raisons bien légitimes, la demande en indemnités que je forme à cet égard.

Enfin, il m'en est dû à raison du procès même; du procès, qu'assurément je n'ai pas cherché; du procès, qui, dans tous les cas, et alors que le sieur Péronville auroit reçu des ordres supérieurs

n'existeroit que par son fait, puisqu'il ne me les auroit point communiqués ; du procès, qui a troublé mon repos, interrompu mes occupations, compromis ma réputation, changé ma vie, en transformant en plaideur un écrivain paisible, et en me forçant à employer
au soin d'une défense judiciaire tout le temps que je trouvois si
doux de consacrer à mes travaux.

Sur cet article des dommages-intérêts, tout se réduit à un seul
mot : la loi veut (1), comme on l'a vu, que le *maître*, qui résilie
par sa seule volonté le marché, quoique l'ouvrage soit commencé,
dédommage *l'entrepreneur* de toutes ses dépenses, de tous ses
travaux, de tout ce qu'il auroit pu gagner dans son entreprise.
Elle veut encore (2) que les dommages et intérêts soient, en
général, de la perte que le réclamant a faite et du gain dont il a
été privé. J'ai prouvé le *marché ;* le sieur Robillard-Péronville
y est le *maître,* moi *l'entrepreneur ;* mes pertes sont constantes,
la privation du gain ne l'est pas moins : je demande l'application
de la loi.

J'ai deux autres adversaires dans la cause.

Et pourquoi faut-il que l'un d'eux soit un homme qui m'avoit
inspiré jusqu'ici des sentimens si contraires au rôle que j'ai été
réduit à prendre vis-à-vis de lui? Pourquoi faut-il que je sois forcé
de combattre le sieur Visconti, dont le nom est si distingué, dont
la personne mérite tant d'égards?

Certes, et plus qu'aucun littérateur, je rends hommage à la
supériorité de ses lumières, à l'étendue de son érudition; j'admire
en lui un savant accompli. Mais le sieur Visconti, dans cette affaire, est coupable, tout-à-la-fois, d'un grand tort envers lui-même,
et d'un procédé répréhensible à mon égard. Il a commis la faute
d'entreprendre la rédaction d'un ouvrage *français* lorsqu'il ne
sait pas le *français ;* et il en est résulté que le *Musée Français*
renferme déjà, depuis que le sieur Visconti est devenu l'un des
collaborateurs de l'ouvrage, des articles littéraires où il y a beaucoup de science à la vérité, mais où le langage de l'écrivain est
tellement bisarre, tellement barbare, qu'il apprêteroit beaucoup

----

(1) Code Civil, 1794.
(2) *Ibid.* 1149.

à rire si l'on pouvoit se permettre de rire d'un homme aussi recommandable que l'est, d'ailleurs, le sieur Visconti. En cela, sans doute, il n'a préjudicié qu'à lui-même ; mais il m'a nui, à moi, mais il m'a fait une injure personnelle en secondant la tentative de spoliation que le sieur Péronville a réalisée avec le secours de sa plume, et en acceptant la mission de continuer mon propre ouvrage, au mépris, non seulement des égards que se doivent entre eux les gens bien nés, mais encore des déclarations extra-judiciaires que je lui avois faites. J'ai demandé contre lui la réparation de cette injure. Elle ne peut manquer de m'être accordée.

Quant au sieur Emeric-David, je ne le connois pas plus que ne le connoissent sans doute beaucoup de mes lecteurs. Je le rencontre dans la Cause, voilà tout. Il a le même tort envers moi que le sieur Visconti, sans donner lieu au même regret de ma part. Mais la demande que j'ai formée contre lui se justifie par des raisons meilleures encore ; car j'ai bien plus à me plaind.e de lui que du sieur Visconti. Celui-ci, du moins, ne s'est chargé de rédiger que des explications de sujets gravés, que des notices descriptives de tableaux, de statues ou de bas-reliefs. Le sieur Emeric-David, lui, a laissé annoncer aux souscripteurs par les éditeurs qu'il continueroit les discours sur l'art, *même ceux commencés par moi.* Par exemple, il y avoit déjà soixante pages de mon discours *sur la sculpture ancienne* d'imprimées et de distribuées aux souscripteurs. Le sieur Emeric-David a souffert qu'on déclarât au Public, par un avis exprès, qu'*il composeroit la suite* de ce discours depuis la page 61. Il l'a composée en effet, et les éditeurs l'ont publiée. Elle en forme les pages 61, 62, 63 et 64. Mais veut-on avoir un échantillon du savoir faire de mon successeur, et aussi une preuve de ce qu'il y a eu d'extravagant dans cette résolution conçue et exécutée par le sieur Péronville, de recourir au premier-venu pour achever un travail littéraire déjà commencé par un autre ? Les voici : la page 60, c'est-à-dire, la dernière de cette partie du discours *sur la sculpture ancienne,* qui est faite par moi, se terminoit par ces mots, *portoient aur.* La phrase restoit ainsi suspendue. Le sens en étoit celui-ci : « On connoît le respect que les anciens, et sur-tout les » Grecs, portoient aux *morts* ». Ce dernier mot, *morts,* ne devoit que commencer la première ligne de la page 61. Et je développois , sur ce texte , une suite d'idées qui en découloient naturellement. Mais le sieur Emeric-David , chargé de continuer la rédaction , n'étoit point du tout sur la voie. Le voilà qui s'épuise en recherches , en efforts de mémoire , pour découvrir quel étoit cet objet d'un si grand respect pour les anciens, et sur-tout pour les Grecs. Il finit par imaginer que c'étoient , non pas les *morts,* mais les STATUES ! Et en conséquence, la phrase est terminée par ce mot, qui devient le premier de la page 61 , et le sieur Emeric-David , partant de son idée, s'engage bientôt dans des développemens conformes à sa découverte. Qu'on juge par ce trait, tout-à-la-fois scandaleux et ridicule , des résultats du caprice du sieur Robillard-Pérouville. Et quand on considère que tout cela se fait dans un ouvrage vraiment national, dans un ouvrage accrédité chez l'Étranger, dans un ouvrage, enfin, destiné à devenir le plus magnifique des monumens consacrés à l'honneur des arts , ne gémit-on pas de l'aveuglement qui peut en compromettre le succès?

Mon action , sous tous les rapports , se trouve justifiée.

Cette Cause, je me permettrai de le dire en finissant, est celle de tous les gens de lettres , de tous les artistes, de tous les hommes, en un mot, dont les nobles travaux deviennent journellement un objet de spéculation , très-louable, d'ailleurs , pour les capitalistes. La loi accorde, et les Magistrats doivent protection à tous. Mais ceux-là y ont droit sur-tout que le genre de leurs occupations, la simplicité de leurs mœurs, l'éloignement où ils se tiennent des affaires contentieuses, rendent moins habiles dans la stipulation comme dans la défense de leurs intérêts. Je suis un de ces hommes; j'en invoque les titres et les droits devant le Tribunal qui va prononcer.

CROZE-MAGNAN.

Me. BILLECOCQ, Avocat.

De l'Imprimerie de PLASSAN, Imprimeur de la Grande-Chancellerie de la Légion d'honneur , rue de Vaugirard , n.° 9, près l'Odéon.